AF607125
AVERSO

CARRUSEL DE VIGILIAS

JORGE VALVERDE

Número 30 de la Colección **PERVERSA**

Carrusel de vigilias

Edición al cuidado de Averso Poesía
www.aversopoesia.com

hola@aversopoesia.com

Primera edición: abril de 2024
ISBN: 978-84-10027-26-8
Depósito Legal: GR 495-2024

Impreso en España - *Printed in Spain*

El papel utilizado para la impresión de este libro está calificado como papel ecológico y procede de bosques gestionados de manera sostenible.

PRÓLOGO

La tregua en la vigilia

Jorge Valverde es un músico y poeta residente en Madrid. Hasta la fecha ha publicado cuatro poemarios: *Subsuelo* (Ruleta Rusa, 2018), *Alicia en el país de las pupilas dilatadas* (La Poesía Mancha, 2019) —con prólogo de Carlos Salem, donde se refirió a su faceta poética como «rotundamente urbana, noctámbula y noctívaga»—, *La matanza de las flores* (Mariposa Ediciones, 2020) y *METAversos* (Libros Indie, 2023). El presente poemario, *Carrusel de vigilias*, publicado por Averso Poesía, podría ser un puente para aquellas noches de insomnio en las que el autor converge entre dos sinergias: la de un mundo en guerra asolado de contradicción y el anhelo del espíritu.

La tarea que Valverde emprende a lo largo de esta obra, al igual que en anteriores manifestaciones, consiste en articular un lenguaje híbrido y sonoro, repleto de musicalidad y de disfraces. La conjugación discursiva abarca dudas sin faro y miedos sin sosiego. La cotidianidad irrumpe en el eterno sigilo para albergar la parodia y lo incierto. La obra se estructura en varias quimeras nocturnas e indelebles, en las que el autor intenta ubicar, con gran destreza y lucidez, el lugar donde sueñan las cosas en noches de vigilia. Para ello, la obra se sirve de la poesía, como un recurso lingüístico tan perverso y enigmático como la propia verdad.

Este viaje de pájaro azul nos lleva a una incertidumbre esteparia, como el propio autor reconoce: «Mis miedos son polimórficos. / Mi ansiedad un caballo desbocado». Serían las lentes de la sociedad del espectáculo. La que nos empuja al consumismo pretérito y al colapso de un capitalismo terminal augurado por Carlos Taibo. Siendo esta vorágine de turba y desdén la que atrapa en naufragios y preludios al poeta que añora aquella orilla de Bonanza, de quietud y perpetuidad de su infancia. Es el mundo exterior el descrito, un mundo que arde y desmantela lo onírico, un mundo de corazas metálicas, que antepone la patria a la tierra o la cordura. Valverde cuestiona de manera ineludible estos dogmas y pilares porque: «La vergüenza pesa / menos / que el hambre».

Es el ahora distorsionado y no un pasado o futuro que «devoran lo único que de verdad somos» el que apremia. Es por ello por lo que el autor ha reunido en la estepa, durante la asolada ventisca, todas las cosas que alivian del hastío a su mundo interno. Es este enfoque de lo intrínseco, cargado de fotogramas y torres de silicio, el que aporta una perspectiva de lo mutuo, del universo y del principio motriz de fricción. El poeta alude al deseo, a la amistad y a la evasión. Recuerda su infancia, los charcos y la luna. Serían la tregua y el encuentro que atenúan la carga y el desenfoque del mañana: «Luego, recuerdo / que entre tanto Maquiavelo, / entre tanto Nerón de saldo, / entre tanta conjura de necios, [...] hay ojos y manos que son paz».

Existe una excentricidad incendiaria en los versos de Valverde, hasta llegar al anhelo del espíritu, que con cinismo el autor define como «el clavo donde agarrarnos». Es el punto de no retorno, donde el nihilismo ha sopesado gran parte de la derrota o de la huida, «el agua tiene memoria. / Dios es una paloma». Los versos de esta última quimera antes de la despedida serán el contrapeso a una vida prefabricada, de rótulos, dogmas y banderas. Será en ese instante cuando el autor, dentro de una nube violeta que a la posmodernidad cuestiona, tendrá en sus manos el olvido y la bondad. Aparece tímido un sol de invierno, lejos de la ventana de la niñez, del mar y de la calma. La obra nos conduce de nuevo y de manera irremediable al sonido de la máquina del fango, de sus oxidados engranajes y clavijas. Pese a ello, existe otra materia, otro mundo posible, recíproco y tangible, que aguarda constelaciones y sueños, porque como dice el poeta:

no hay ni un podrido corazón
que no haya muerto inerme en unas manos
y ni uno solo que en unas manos no resurja.

Cristina Court

PRÓLOGO

Carrusel de vigilias

El título ya nos da una pista. Parece obvio, pero no es tan común. Leyendo Carrusel de vigilias automáticamente te inunda una marabunta de pensamientos aparentemente inconexos de cosas que te entorpecen. Sí, a ti. Valverde habla de las suyas, pero en un salto de fe, o de ir muy rodado y llevar muchas conversaciones de madrugada, sabe que también ahí vas a encontrar las tuyas. Y va más allá. No solo va a identificarlas y desentrañarlas, no solo va a hacerles cara, sino que además ha sabido ir a buscarlas al lugar donde reposan, donde ellas sí duermen y sueñan tan tranquilas que dejan de estar alerta. Como si jugara a las tinieblas con ellas. Pero, ay, si ya hubiéramos conseguido descubrir su escondite…

Como si se colocara de pie a tu lado y te obligara a pararte frente a una realidad inevitable que te empapa y que hace más de lo que tú eres que lo que habías planeado. Bastante más de lo que te gustaría; origen y razón de una frustración que arrastramos irremediablemente y que tenemos que combatir con los ojos abiertos y más aún cuando están cerrados. Una realidad que nos deja tan poco espacio para recrearnos que toda nuestra apuesta por ser parece quedar reducida a una carrera de obstáculos. Como si nos tuvieran de manos atadas en una silla teniendo que esquivar ladrillos que vuelan en nuestra dirección y que solo pudiéramos sortear ladeando la cabeza ligeramente de izquierda a derecha.

En esa lucha somos testigos de quienes con actitud más o menos legítima de derrota se ven envueltas en la desgana, en el consumo, en el dejarse arrastrar, en el darse por vencidas. En esa lucha, Valverde, poeta, hace de la palabra la única arma que le sigue valiendo la pena empuñar conservando un poco de margen de decisión. Nos recuerda así que, por mucho caos que nos rodee, no nos queda mucho más remedio que bañarnos en él, resistir la marea que nos empuja y el suelo de arenas movedizas que nos arrastra al fondo. Que nos empape, que lejos quedó el momento en el que nos llegó el agua al cuello, que hemos metido ya la cabeza entera, dejando claro que solo con nombrar el caos ya pierde ese poder asfixiante que se cierne sobre nosotras. Que el cinismo de Ignatius espanta de primeras, claro, pero cobra más sentido cada que escarbamos en él. Hace de nuestra actitud defensiva un ataque imprevisto e incontrolable. Que podemos hacer del pasado que nos arrolló dejándonos sin habla nuestra casa, nuestro remanso de paz, nuestra guarida cada vez que nos acorrale la densidad de un presente que nunca viene de cara y del que necesitamos esconodernos cada cierto tiempo.

Con todo, seguimos persiguiendo la posibilidad de poder ofrecer nuestro corazón envuelto con un lazo, como si solo contuviera bondad y cariño, cuando la realidad es que nos pasamos el día tratando de contener los trozos ya líquidos que nos van quedando de él entre las dos manos. Necesitamos reconocernos en una imagen prístina de nosotras mismas, sin maldad, casi infantil, como cuando nadie podía exigirnos culpa o responsabilidad. Pero nos aterra vernos en un escenario adulto, tardío y demasiado contaminado, que cambia incluso más rápido de lo que tardamos en hacer inventario de lo que contiene. Que nos obliga a encontrarnos a gusto en una adaptación perpetua a términos impuestos, muy alejados de lo que nos imaginábamos cuando nos preguntaban qué queríamos ser de mayor. Nos convencieron de aspirar a ser alguien y muy a nuestro pesar nos hemos visto arrinconadas, deseosas de poder a estas alturas simplemente ser y ser, en la medida de lo posible, inofensivas. Demasiado tarde, amiga.

Nos encontramos balbuceando entre sollozos camuflados más a menudo de lo que nos gustaría cada vez que nos envuelve la decepción y nos recuerda que cualquiera de nuestros planes no vale. Que al final todo se reduce a la improvisación.

Ser la flor que crece en el asfalto sigue siendo lo único que nos queda. Si encima consigues arrancarte y meterte en la boca del fusil puedes darte el gusto de esbozar una merecida sonrisa. Querernos sigue siendo la única revolución realizable durante el tiempo suficiente, durante el tiempo que nos quede, sea el que sea.

Carolina Treboada

CARRUSEL DE VIGILIAS

JORGE VALVERDE

Las cosas que no me dejan dormir

Mis miedos son polimórficos.
Mi ansiedad un caballo desbocado.
Quisiera encontrar el lugar donde descansan
las cosas que no me dejan dormir.
Y yo, napalm y furia,
hacer arder cada mal pensamiento,
cada herida por curar,
cada error acumulado.

¿Para qué sirve un paso firme en un suelo
    que se resquebraja?
He saltado de tantas ventanas imaginarias
que creo que he estado muerto.
Y desde mi tumba imaginaria
he comprendido:

El amor es un paracaídas.
Una bala en la recámara.
Nos quieren perdidos entre algoritmos,
consumidos de consumir,
pero el amor...

No necesita smartphones
ni reparto de dividendos.
No te exige resultados mientras te envenena.
En el amor no dan miedo los relojes
ni el aislamiento.
No necesita filtros de Instagram.
En el amor ya nos miramos.
En el amor ya estamos conectados.

EXTERIOR

Un mundo en guerra

Turbas

Pusimos a las langostas a cuidar de las cosechas,
luego nos preguntamos
¿por qué la peste sacude más recia en nuestra patria?
Y los orondos gobernantes de nuestra metrópoli,
aún con las fauces mugrientas de sangre,
señalaron al campesino,
señalaron a los defensores del pueblo,
a los curas rojos
aún con las manos llenas de monedas de plata.

Y turbas de gente, antorcha en mano,
fueron a por las brujas,
los maestros,
los revolucionarios,
Lorca,
las 13 rosas.

Turbas que luego famélicas
morirían de hambre
sirviendo al abyecto
y mordiendo la mano
que intentó labrar su tierra.

La contradicción

De cada contradicción,
esgrima y baile,
peleo conmigo en el barrizal
donde las cosas buenas
se mezclan con el gris.

Las verdades absolutas
solo existen
en las leyes físicas,
en las ciencias exactas,
en el medio natural,
en los principios inmutables del cosmos.

Lo humano tiene aristas,
recovecos,
pliegues,
la psique es un caos
que pasamos la vida
tratando de clasificar.

El contexto
muta las lógicas del bien
y del mal.
La violencia es una lacra perversa,
pero
no combatirla,
incluso con el mismo mal,
es algunas veces
peor ignominia.

Lo sabe la vergüenza
de brazos levantados
de los cascos azules de la ONU
en el genocidio de Ruanda.

El dogma es enemigo de la razón,
y la verdad sin contexto
es solo
media verdad.

Bonanza

Algunas veces sueño
que estoy en mi casa de la infancia
sentado en el sofá con mi abuelo
viendo alguna del oeste.

En aquellos tiempos
en que el mundo
era más «Bonanza»
que «Maquiavelo»,
más «Pipi calzas largas»
que «La náusea».

Podría pensarse
simplemente
que me hice mayor,
que pasados los dieciocho
todo se complica,
que la cabeza se llena de información
y de basura,
que la ansiedad se presenta:
«Buenas tardes, soy tu ansiedad y vengo a joderte
la vida».

Y veo el mundo
arder,
arder más fuerte que nunca,
y gobernado por Nerones
en Estados Unidos,
en Brasil,
tantos pirómanos con poder.

Y me doy cuenta
de que no solo hemos crecido,
el mundo ha ido perdiendo
capa a capa
toda su pátina de inocencia,
ha engullido tanto
que ahora empachado
deglute y vomita.

Creo que por eso vuelvo a mi abuelo,
vuelvo a Bonanza,
donde hasta los cowboys con pistola
eran incapaces de matar.
Disparan a alguien y en el capítulo siguiente…

Magia.

Mi cabeza vuelve
engañada, claro,
los noventa eran más machistas,
más racistas,
éramos peores objetivamente,
pero hoy hay una fractura
irreparable…

la política nos parte en dos

y lo humano
en partes infinitesimales.
Estamos tan diluidos que somos

ya
productos homeopáticos.

Hoy va de bloques,
de construir o incendiar,
por eso hay bandos.

Pero para los malvados,
los cobardes,
arriba y abajo,
a izquierda y derecha,
si alguno me lee
le diré:

Cuando tire la piedra,
verás perfectamente la mano.

El mercader de Venecia

Son las hipotecas a perpetuidad
y las listas de morosos.
Son los hombres de negro
y las casas de usura
lo que hace del mundo
un mercado de abastos gigante.

Son tres mil monedas de oro
por una libra de tu carne,
por pervertir tus ideales,
por apuñalar a tus amigos
en un mundo donde
todo tiene un precio.

Este mundo de mercadotecnia
solo puede terminar
como Shylock,
humillado,
destruido,
y solo,
abrazando una fe
que le es ajena.

A este mundo
solo le salvará el amor,
la verdad
y la poesía.

Plandemia

Las aceras bullen partículas de peste,
el día irradia paranoia y ansiedad,
y nosotros, diezmados,
nos rompemos.

Y como siempre,
desde la confusión
de entre nuestros escombros,
surgen nuevos augures
a hablarnos del control,
de dominación mundial,
pisoteando a Galileo
con la sonrisa congelada
de la ignorancia por bandera.

Nuevos fascismos de cara lavada,
hijos del mismo germen
que asoló el país,
que enfermó el planeta,
nuevos ídolos de barro,
hombres de traje gris.

Ahora el malestar
es el nuevo estar,
jóvenes con banderas de muerte
salen a las calles
con zapatos Gucci,
piden libertad
mientras

una mujer revuelve en la basura,
nunca creyó
que esto le pudiera pasar.

La vergüenza pesa
menos
que el hambre.

Algo habrá hecho

Al contexto desconsolado
lo persiguen el dogma
y el ojo de mal agüero,
«vas por muy mal camino,
aunque ningún mal te deseo».

En tiempos
de ojo por ojo,
en tiempos de linchamiento,
de turbas con turbantes,
de metralla al pensamiento,
tiempo de juicios sumarios,
tu cruz,
tu señalamiento
de penas de telediario,
de pájaro azul perverso.
Tu chiste está cancelado,
tu vida está cancelada,
cancela tus sentimientos.

Al contexto desconsolado
lo persiguen
el dogma
el «algo habrá hecho».

El patriota

Dices que la quieres
mientras la castigas.

Dices que la cuidas
y a la vez la humillas.

Dices que la nutres
y la fagocitas.

Hablas de tu patria,
pero la malvendes.

Dices que es tu España
mientras la asesinas.

El niño

El Ave Fénix es una lechuza
cubierta de ceniza en un incendio forestal
justo un segundo antes
de morir,
sin resurrecciones.

Al minotauro están a punto de clavarle
la última banderilla.
Una masa estúpida aplaude
y un cateto
con luces solo en el traje
está al acabar con su vida.

Hemos matado a la fantasía.
Hemos domesticado a todos los animales
fantásticos.
La mirada del mundo está turbia como nuestros
ríos.

O volvemos al niño,
o espera la nada.

I

Como una sierpe de dos cabezas,
el pasado y el futuro,
uno con sus cuitas
y el otro con la incertidumbre que nunca cesa,
devoran lo único que de verdad somos,
lo que en realidad fuimos,
y, si conservamos el regalo de la existencia,
lo que de verdad seremos,
el ahora.

INTERIOR

Lo que nos mueve por dentro

Torres de silicio

Recuerdo perfectamente
la carretera,
Andalucía recorrida entera
en coches compartidos.

Me esperaban
conciertos en Málaga,
José Nebreda,
La Alameda
y Cádiz.

Y en Cádiz esperaba ella,
una Hipatia moderna
de un talento desbordante
y carácter resiliente,
que me contaba cuentos
sobre torres de silicio.

Recuerdo una botella de ron
una playa de Chiclana,
desierta,
mayestática
e inmensa.

Recuerdo las risas cómplices,
el paseo por la orilla
con los pies descalzos,
el ignorar que sube la marea
y nos empapa,

mientras nos mojamos
en el combate de esgrima
de dos lenguas
que aspiran encontrar el epicentro.

Después ya es otra historia,
el mundo
y su realidad devoradora
nunca detienen su marcha.

El mundo nunca se detiene
para regocijarse
en lo sublime.

Pero lo más importante
de nuestra memoria
en relación al tiempo,
es que podemos
volver de visita,
siempre que queramos,
a los fotogramas
que hacen
la vida
inolvidable.

Principio motriz de fricción

Palpito por el placer de palpitar,
de sentarme a la orilla de mis deseos
y ver el agua correr.
Ver el agua limpia correr.

Respiro hondo cuando la ansiedad
gana terreno en mi pecho abierto,
cuando el miedo al mundo
me arrincona,
me obliga a besar la lona.

Luego, recuerdo
que entre tanto Maquiavelo,
entre tanto Nerón de saldo,
entre tanta conjura de necios,
que frente a la colina de ojos
que siempre juzga
condena y acribilla,
hay ojos y manos que son paz.

Hay verso contra verso.
Acorde contra acorde
en constante fluir
cuando existe el brillar
y son fuegos de artificio
las luces de la ciudad.

Existen las conexiones,
las infinitas convergencias,
el palpitar sincronizado
sobre palpitar
sobre palpitar
sobre palpitar.

Principio motriz de fricción
ventanas por las que escapar.

El oso

Me llegan
tus imágenes paganas
de saliva y barro,
de mordiscos
sudor
y
gemidos interconectados.

Me trae el viento
tu voz que arrulla,
tu copla revolucionaria,
tu sexo dulce y salvaje
como un panal de abejas.

Y a mí no me quedan excusas,
argumentos,
diatribas,
ni recursos retóricos
para no ser el oso
que se llena el hocico
de melaza.

Un cigarro adolescente

Cuando el frío me entumece
te recuerdo,
recuerdo mi ventana
y un cigarro adolescente,
recuerdo la furia y la rabia estúpida
de los años confusos.

Recuerdo que yo era un idiota
y tú
aún estabas vivo,
y yo no tenía ni idea
de que te pensaría para siempre
como un niño que toca un columpio y dice
«casa»
cada vez que el frío y el mundo
me cala los huesos.

Principio motriz de fricción II

Cuando me tocas
ya no soy
la imagen fija de un
fotograma.

Un pensamiento inmóvil
en una mente sedentaria,
sedimentos de hastío
en el agua estancada.

Cuando me tocas
el mundo se mueve,
las ideas circulan
del Ágora de tu cabeza
al erial de la mía.

Algunas veces
no he sabido percibir
el constante movimiento del mundo,
el fluir del tiempo
que algunas veces
puede detenerse
a observar
el jugar de dos lenguas.

El universo está en continuo movimiento,
incluso dentro de tu pecho
hay miles de partículas en constante fricción
moviendo el universo desde tu centro.

Yo, que quise ser «la constante en un mundo voluble»,
he descubierto
mi principio motriz de fricción.

Un pensamiento hilarante
es enviado de forma instantánea
de tu mirada a la mía,
dos carcajadas asíncronas
que llevan el mismo compás.

No quiero ser un principio inmutable,
las rocas
no saben bailar.

Frágiles

Siempre frágiles,
a un pulso de rompernos,
las manecillas del reloj
arañan el cráneo por dentro.

Se compra tiempo,
se vende tiempo,
te falta tiempo,
el tiempo es lo único que tenemos
y lo alquilamos por un mendrugo de pan.

Tenemos tiempo
y el tacto de los nuestros
hasta que la tierra llame,
hasta que nada importe.

Tenemos tacto y nos falta tiempo.

Jack Daniels y Tusas

Nosotros, cada noche,
jugábamos a ser el pelotón
que fusilara a las mañanas.

Esta
cada día
se burlaba de nosotros
restregando en nuestras caras desencajadas
los primeros rayos de sol.

Después,
en las trincheras,
planeamos entre Jack Daniels y tusas
el siguiente ataque a la alborada,
nuestra próxima derrota,
pero siempre
sin atisbo de esperanza.

Aspiramos mucho,
sí,
pero nunca a la victoria.

Evanescente

Yo, amante de la evasión,
fundido al tejido evanescente,
intento escuchar
el ritmo
de millones de átomos
chocando
por abarcar el mismo espacio.

Escucho avanzar este amasijo de tiempo,
de bailar la lluvia,
desnudo,
al abrigo luminiscente
del cosmos.

Todas y cada una mis partículas
explotan al contacto con las tuyas,
se evaporan y elevan
hasta ser auroras boreales,
hasta ser orgasmos múltiples
el agua que mana de un acantilado.

Yo, amante de la evasión,
he sido uno con la luna.

Principio motriz de fricción III

Camino hacia ninguna parte,
no hay ni un podrido corazón
que no haya muerto inerme en unas manos
y ni uno solo que en unas manos no resurja.

Tu peso y el mío en perfecta mesura,
que hay que lubricar la vida,
sangre y saliva.
¿Será que la mezcla nos cura?

Cuellos piden dentellada,
susurros que en risa festejas,
caricias que brotan su savia
en manos siempre traviesas,

principio motriz de fricción.

Nos tocamos para seguir vivos,
nos movemos para poder tocarnos,

y así

amanece un nuevo día.

De colillas y charcos

¿Ves esa colilla tirada en el medio de un charco?
Esa colilla soy yo.
El agua sucia me empapa,
me llena de porquería,
me arrebata cualquier atisbo de dignidad.

Faltan minutos
para que el papel que me recubre
empiece a deshacerse
y me pierda para siempre entre la mugre
hebra a hebra.

En cualquier momento un transeúnte
podría pisarme,
mi fin es inevitable y cercano.

Aunque, alguien sin asco,
otro abandonado,
me rescatara de este líquido inmundo,
estoy a dos caladas de consumirme.

Y me pregunto
¿de qué sirve una colilla que no puedes fumar?,
en un mundo que desecha lo gastado,
en un sistema que te mastica y te escupe,
un mundo en el que todo caduca.

Mi único fin posible
es terminar en este charco

o arder durante unos pocos segundos
hasta morir.
Pero no me mires así
con esa mezcla de lástima
y la distancia que da la superioridad
no debes sentir
ni pena, ni distancia
porque, aunque aún no lo sepas
esa colilla tirada en medio de un charco
también eres tú.

Sangre

La sangre hace que se mueva nuestro corazón,
riega nuestro cerebro,
nos da el color ese de estar vivos.

La sangre derramada es una increíble arma poética,
nos ha regalado potentes imágenes
en el cine,
en la literatura a modo de fotogramas mentales.

Pero la vida me ha enseñado
que la sangre no vincula,
lo supe al ser consciente
de que la mano de mi sangre,
«padre»,
golpeó la cara de mi sangre,
«madre»,
repetidas veces.

Era un adolescente cuando descubrí
que lo que vincula
es el amor,
la amistad
&
los cuidados,
nunca la sangre,
y decidí no volver nunca a ver a mi sangre,
«padre»,
y que siempre cuidaría de mi sangre,
«madre».

Mi biblia

a Silvi Orión

Se me llenan los ojitos
de agua sucia de los charcos,
de las calles de mi barrio,
girón de ropa enredadera
las rodillas de extrarradio.

Que me alumbre la candela
cuando me pongo gitano,
los secretos, Haro Ibars,
chico eléctrico incendiario.

De Sevilla y amapolas,
de hacer triza el calendario,
¿ves la tinta que emborrona?,
es mi biblia y mi sudario.

II

Hace mucho que no me interesa barnizar mi imagen
de bohemia y exceso,
de litros de malditismo y carreteras perdidas.

Ya no me interesa ser un calavera,
rodar por una escalera,
ser una bala perdida,
buscar mi traje a medida
de canalla.

Hoy solo quiero
celebrar la vida,
salir a campo abierto
y dejar que cada nuevo rayo de sol
acaricie mis mejillas.

Ser un artesano,
tallar el futuro con detalle
con mis propias manos,
bendecir lo humano,
lo sagrado
y lo maldito
sin romantizar la herida.

Es cierto,
las flores más hermosas
pueden nacer en un callejón,
en un vertedero,

en el lugar peor,
pero abonemos la ciudad
hasta que sea un campo abierto,
abonemos el asfalto,
y que del cemento
nazcan flores.

III

Desde que salimos del líquido amniótico
y abrimos los ojos al mundo,
entramos en el punto de no retorno.

ESPÍRITU

El clavo donde agarrarnos

El agua tiene memoria

Lo peor de creer solo en el más acá,
es el renunciar al bálsamo
de los mantras sanadores,
de los oráculos de la nada.

¿Quién no quiere pensar que volverá a ver
a los amados
felices tras la maldita muerte?

¿Quién no echa de menos algunos abrazos imposibles?

Ofrecen la felicidad completa tras este ensayo
    al que llamamos vida.
Ninguno de tus errores importa,
solo necesitas fe ciega y abandonar toda la lógica.

El premio es suculento,
se acabó la angustia que provoca la incertidumbre,
aquí está tu destino,
tu camino marcado por las estrellas
en esta galletita,
en estas cartas con dibujos animados,
en este libro escrito por los dioses
en los jodidos números,
el agua tiene memoria.

Dios es una paloma.

Algunas veces me da pena no creerme vuestras mierdas.

La triste balada del hippy neoliberal

Soy un ser espiritual,
hablo de esencias y energías,
hablo del cosmos
y conozco eternas conspiraciones judeomasónicas.

Deben ser el wifi y el 5G,
son las vacunas que nos inyectan
control mental,
Soros,
absenta.

He comprendido el flujo de la vida
y la siento fluir por mis nuevas *nikes*.

No existe la izquierda,
no existe la derecha,
no hay buenos ni malos,
explotados ni explotadores,
ejecutores y ejecutados...

Ni machismo ni feminismo.
Pachamama.

¿Que el pueblo tiene hambre?
Dame la mano, *tron*,
que fluya la energía
de la Pachamama.

¿Que a tu familia la desahucian?

También es tu hermano
el directivo de *blackstone*.
Dame la mano, *tron*,
que fluya la energía
de la Pachamama.

Todos me dicen tu nombre

Vuelca sobre mi espalda
la espuma del rompeolas,
el agua de otras orillas,
la sangre de otras costas.

Tómame, como repisa del mundo,
el último escupidero,
la diana de tu pistola,
el hueco de mis costillas,
la vaina de tu cuchillo,
la sangre reseca de tus botas.

Parte mi cabeza
hasta que sea una pasta informe
de sesos, sangre y huesos.
Eyacula sobre mis restos
tu sucia semilla.

Paga conmigo todas tus frustraciones.
Libera tu rabia golpe a golpe,
pero nunca,
te digo que nunca,
me hagas a tu imagen,
me vendas la triste muerte
como el principio de la vida.

Todos me dicen tu nombre…
Dios, Jehová, Mahoma…

Dicen que tienes mil nombres
y todos son de mentira.

No eres ni media verdad.

Dentro de una nube

Llevo días escondido dentro de una nube
tóxica y rica en THC y fragancias excitantes.
He recurrido a todos los trucos fáciles,
he usado todos los polvos mágicos
hasta lograr el truco final,
desaparecer a plena vista
sin moverme de mi habitáculo.

El aislamiento dentro del aislamiento,
yo haciendo pompas de jabón
dentro de una burbuja.
Cada uno tiene la suya.
Creo que todos vivimos en burbujas interconectadas
de distintas capas y niveles,
el mundo es una *matrioska* hecha de cubículos mentales
que se comen los unos a los otros.

Creo que todos tenemos burbujas dentro.
No sé si es que esta maría es cojonuda
y yo solo deambulo entre estaciones
con esa sensación de estar comprendiendo todo,
absorbiendo todo,
y que, luego,
fuera de esa nube,
ya nada encaje,
nada permanezca.

¿Qué haremos con el mundo cuando no queden
burbujas en las que esconderse?

LA DESPEDIDA

La máquina del fango

La vida es una máquina imparable de sinsentidos,
todo a medio paso de un tweet,
de una puñalada entre las costillas.

Vivimos atados al dogma,
al eslogan,
a la bandera…
Practicamos la bondad como un manual de
resistencia en un apocalipsis zombi.

No confíes en nadie.
Dispara a la cabeza.
No importa el contexto cuando hay dedos
señalando.
Todo es blanco
o negro.
O estás en la cresta de la ola,
o estás cancelado.
Todo a un milisegundo,
si te sales de la línea
por estos mandamientos,
por este manifiesto,
por el canal de mi *influencer* favorita.

Hemos desdibujado tanto la realidad
que no hay brújula moral que pueda
con tanto carácter,
con tanto papel cuché.

Recuerdo una frase perfectamente nítida
desde que tuve la suerte de escucharla,
era de un libro de Escandar:
«Creo en el amor como única opción de ataque.
En el odio como primer atisbo de derrota.
En la bondad como único medidor humano».

Todo lo demás
se puede ir muy fuerte al carajo.

Tú, ti, te, contigo

El tiempo pasa,
el mundo pasa,
la gente desaparece
y, al final,
en el último momento,
en ese instante,
en ese pestañear final,
en ese próximo paso hacia los gusanos,

estarás tú.

Tú frente a tus miedos,
tú frente a tu abismo,
tú frente a tu espejo,
tú observándose,
tú juzgándote,
tú queriéndote,
tú humillándote,
tú hablando de ti
a tus espaldas,
contigo,
al final
en ese último mirar al mundo,
estarás tú.

¿Por qué no te empiezas a querer un poco?

La canción del desamparo

Bocanadas de suelo
en las derrotas amargas
en las caídas a medio vuelo.

Es la canción del charco
y las malas hierbas
es la balada triste
sin trompeta.

A los que no llegaron
ni al primer asalto
a los marginados en el colegio
a los recolectores de improperios
recolectores de agravios.

A los adscritos al fracaso
a las últimas de la cola
a los degustadores de asfalto
a los que no les va bien la cabeza
a los bufones de extrarradio

a los yonkis de heroína
al regordete del patio
al militar podemita
al que siempre queda cuarto
a todos los hijos del barro
a todas las nietas del desconsuelo

este es vuestro triste ripio
esta es vuestra copla en vena
este es vuestro panegírico
esta es vuestro cantar colérico
esta es vuestra amarga pena
este es vuestro adiós sincero.

ÍNDICE

ESPÍRITU

El clavo donde agarrarnos

LA DESPEDIDA

Este libro se terminó de editar en Granada
en abril de 2024 por

www.aversopoesia.com
hola@aversopoesia.com